un petit livre d'or

NAYA

le petit Indien

Texte de Blandine Aubin
Illustrations de Dankerleroux

DEUX COQS D'OR

Nayati vivait chez sa grand-mère,
dans une cabane au bord de la forêt.

Un matin, la vieille dame lui confia un secret :
« Nayati, sais-tu qu'il y a un arbre à toi dans les bois ?
Ton grand-père l'a planté le jour où tu es né.
Il a même gravé ton prénom sur le tronc. »

À cette nouvelle, Nayati se mit à rêver :
« Un arbre à moi, j'aimerais bien voir ça ! »

Aussitôt, il fila vers la forêt. Un peu hésitant, il avança sous les arbres et écarquilla les yeux. Autour de lui, tout était sombre et silencieux. Brusquement, Nayati vit un jeune renard surgir de sa tanière.

« Bonjour je m'appelle Nayati, dit le garçon.
Je cherche un petit arbre portant mon prénom.
Sais-tu où je peux le trouver ?
– C'est que… je ne sais pas lire ! Demande au vieux hibou,
il sait toujours tout ! »

Nayati poursuivit son chemin. Soudain, il aperçut
le vieux hibou sur une branche :
« Vieux hibou, lui dit-il, toi qui sais tout, peux-tu m'aider
à trouver mon arbre ? Il est tout petit et porte mon prénom. »

Le vieux hibou secoua la tête d'un air désolé :
« Hélas, j'ai cassé mes lunettes depuis belle lurette.
Va donc à la clairière et demande au grand cerf ! »

Nayati continua sa route et parvint à la clairière.
Sous le soleil, un arbre superbe semblait toucher le ciel.

Nayati regarda autour de lui et murmura :
« Je me demande où est le grand cerf… »
À cet instant, un grondement résonna à travers la forêt.
Le sol se mit à trembler…

Effrayé, Nayati se réfugia entre les branches de l'arbre et vit cinq bandits, armés jusqu'aux dents.
Leur chef, un géant à barbe noire, posa un sac de pièces d'or au pied de l'arbre.
« Installez tout ici ! ordonna-t-il. Et préparez un feu de bois pour faire cuire mon repas ! »

Derrière l'épais feuillage, Nayati retint un cri.
Encerclé par les bandits, le grand cerf se débattait avec fougue.

Sans perdre de temps, Nayati chercha un moyen de l'aider.
Il détacha la boucle de sa ceinture et l'accrocha à une ficelle, comme un hameçon.
« Je vais partir à la pêche, chuchota-t-il.
Aide-moi, grand arbre… »

À califourchon sur une branche, Nayati se pencha en avant.
Après plusieurs essais, il parvint à agripper le sac de pièces d'or.
Puis, sans un bruit, il le remonta jusqu'à lui.

Une seconde plus tard, le chef des bandits
poussa un rugissement :
« Ça alors ! Qui a pris mon or ? C'est vous, bande de filous ? »

Le regard étincelant, il attrapa l'un de ses compères
et lui botta le derrière.
« Aïe ! Ça n'est pas moi, chef ! protesta le bandit. C'est lui !
– Comment ! s'exclama son voisin. Prends ça, tiens ! »
Et bing, et bang ! Les bandits entamèrent une terrible bagarre.
En un éclair, ils valsèrent les uns après les autres dans les airs.

Peu après, allongé par terre, leur chef gémit, en crachant une dent :
« Chi che n'est pas vous, alors, qui a volé mon or ? »

Caché dans l'arbre, Nayati prit une grosse voix :
« C'est moi, l'esprit de la forêt ! Je transforme l'or en poussière et les voleurs en vers de terre. Débarrassez-moi le plancher ! »

Morts de frousse, les bandits ne se le firent pas dire deux fois.
Leur chef en tête, ils prirent la poudre d'escampette
en poussant des cris d'effroi.
« Filons d'ici ! Cette forêt est hantée ! »

Dès qu'ils eurent disparu, Nayati sauta à terre
et courut délivrer le grand cerf.
« Merci, dit celui-ci, tu m'as sauvé la vie. Qui es-tu ?
– Je m'appelle Nayati, répondit le garçon.
Je cherche mon arbre, un petit arbre qui porte mon prénom. »
Le grand cerf montra à Nayati l'arbre
qui venait de lui servir d'abri :
« Eh bien, tu l'as trouvé. Mais il n'est pas petit…
Il est grand, aussi grand que ton courage ! »

Nayati s'approcha de l'arbre et découvrit son prénom, gravé dans l'écorce.
Fou de joie, il serra le tronc dans ses bras.
Alors, tous les oiseaux de la forêt se posèrent sur son arbre et se mirent à chanter.